Sarah Herzhoff

Der kleine Seehund reißt aus

Illustriert von Dorothea Ackroyd

www.leseloewen.de

ISBN 978-3-7855-8381-4
2. Auflage 2016
Überarbeitete Neuausgabe
© Loewe Verlag GmbH, Bindlach 2009, 2016
Umschlagillustration: Dorothea Ackroyd
Reihenlogo: nach einem Entwurf
von Angelika Stubner
Printed in Poland

www.loewe-verlag.de

Inhalt

Kein gewöhnlicher Morgen

So wie jeden Morgen
kommt Wärter Philipp
mit einem großen Eimer Fische
ins Seehundgehege.

So wie jeden Morgen
wirft er die Fische in die Luft
und die Seehunde fangen sie auf.

8

Aber ganz anders als jeden Morgen
vergisst Wärter Philipp heute,
die Tür wieder zuzumachen.

Kai, der schlaue kleine Seehund,
merkt das natürlich sofort.
Und – *husch!* – schon ist er draußen!

Staunend watschelt Kai durch den Zoo.

Was es hier alles für Tiere gibt!
Riesige graue mit Nasen,
die so lang wie Beine sind!

Bunte Tiere, die auf Stangen hocken.
Und da! Ganz viele kleine im Frack.
Sie können schwimmen, so wie Kai.

10

Nur schade,
dass alle Tiere eingesperrt sind!
Kai kann mit niemandem spielen.

Aber was ist denn das?
Dahinten läuft ja doch ein Tier
frei herum!

Fröhlich robbt Kai zu ihm hin.

Ein Freund – und ein Verwandter?

„Hallo!", ruft der kleine Seehund.
„Ich bin Kai."
„Ich bin Galileo", sagt der Vierbeiner.
„Du kannst mich aber Leo nennen."

„Was bist du für ein Tier?", fragt Kai.
„Ein Hund!", sagt Leo.
Kai staunt. „Und ich ein Seehund!
Da müssen wir ja verwandt sein!"

„Bell doch mal!", schlägt Leo vor.
Kai bellt: „Ök, ök!"

Leo schüttelt lachend den Kopf.
„Das ist doch kein Bellen.
Ich zeig dir mal, wie das geht!"

„Wuffwuffwuff!", bellt Leo.
Kai fliegt fast weg.

„Das kann ich nicht",
sagt er beeindruckt.
„Hm, vielleicht sind wir
doch nicht verwandt!"

„Kannst du denn klatschen?",
will Kai jetzt wissen.

Er dreht sich auf den Rücken
und klatscht Leo was vor.

Leo gibt sich große Mühe,
aber es sieht so komisch aus,
dass Kai sich vor Lachen
auf dem Boden kringelt.

„Das ist es wohl auch nicht",
meint Leo und grinst verlegen.
„Woran können wir denn erkennen,
ob wir Verwandte sind?"

Kai überlegt und kratzt sich
mit der Flosse nachdenklich am Kopf.

„Ich hab's!", ruft er plötzlich.
„Guck mal, unsere Augen!"

Und jetzt sieht es auch Leo.
Beide haben den gleichen
lustigen Fleck ums rechte Auge.

Kai einen hellen
und Leo einen dunklen.

„Dann muss es das wohl sein!",
ruft Kai
und hüpft vor Freude
auf den Hinterflossen.
„Juhu, wir sind doch verwandt!"

„Stimmt", bellt Leo zustimmend.
Sanft berührt er mit der Pfote
den hellen Fleck an Kais Auge.

Der Rest sieht nicht sehr ähnlich aus.
Kein bisschen, um genau zu sein.

Ein Baby in Not!

„Wollen wir was spielen?",
schlägt Kai vor.

Er ist so froh,
endlich einen Spielkameraden
gefunden zu haben.

„Abgemacht!", sagt Leo.
Aber da hören sie plötzlich
ein lautes Gekreisch.

„Wo kommt das denn her?"
Kai ist ganz aufgeregt.

„Vom Pavianfelsen!", ruft Leo.
„Komm mit!"

So schnell er kann,
robbt Kai hinter Leo her.
Sie trauen ihren Augen kaum!

Ein Pavianbaby
ist vom Rücken
seiner Mutter
abgerutscht.

Nur mit einem Händchen
klammert es sich noch
am Felsen fest.

21

Das Pavianbaby hängt genau
über dem Wassergraben!
Wenn es gar nicht schwimmen kann?

Die Paviane versuchen verzweifelt,
das Baby wieder hochzuziehen.
Aber sie kommen alle nicht
an das Kleine heran.

Hilflos baumelt es
über dem Graben.
Das Pavianbaby
ist ja noch
so winzig!

„Wir müssen was tun!",
ruft Leo Kai aufgeregt zu.

Kai überlegt fieberhaft,
wie er dem Affen helfen kann.

Inzwischen stehen viele Zoobesucher
besorgt vor dem Felsen.

„Das Baby stürzt gleich ab!",
rufen sie.
„Jemand muss schnell
Hilfe holen,
bevor es sich noch verletzt!"

Die rettende Idee

Zum Glück ist um den Affenfelsen
kein Zaun.
Nur der Wassergraben trennt die Affen
von den Zoobesuchern.

Kurz entschlossen
springt Kai ins Wasser.
Blitzschnell schwimmt er
zum Pavianfelsen hinüber.

Kai reckt sich in die Luft
und streckt dem Affenkind
seine Schnauze entgegen.

Aus großen Augen
schaut es Kai ängstlich an.

„Ich will dir doch nur helfen",
flüstert Kai dem Kleinen zu.

Ganz langsam lässt sich
das Pavianbaby
auf Kais Schnauze gleiten.

Es klammert sich gut fest
und Kai setzt es sanft
auf den flachen Felsen ab.

Sofort kommt die Mutter
und nimmt ihr Kind in den Arm.

Gerettet!
„Bravo, Kai!", ruft Leo.

„Wo kommt denn nur
der kleine Seehund her?",
rufen die Zoobesucher
und klatschen vor Begeisterung.

Kai ist sehr stolz.

Plötzlich schiebt sich
Wärter Philipp durch die Menschen.
„Hier bist du also,
du kleiner Ausreißer!"

Philipp sieht ziemlich sauer aus.
„Ich hab dich schon überall gesucht!
Mach doch nicht die Affen verrückt!"

Das ist aber wirklich ungerecht!
Das finden die Zoobesucher auch.
„Der kleine Seehund hat
das Pavianbaby gerettet!", rufen sie.

„Er ist ein Held!"
„Er hat nichts Falsches gemacht!"
Alle reden durcheinander.

Philipp kratzt sich am Kopf.
„Wenn das so ist …", stammelt er.
„Aber zurück in dein Gehege
musst du trotzdem, du kleiner Held."

Und dann sagt er zu den Zoobesuchern:
„Sie können gern alle mitkommen –
zur Heldenfütterung!"

Abschied – aber nicht für lang

Kai schwimmt wieder zurück
durch den Wassergraben.

Leo steht da
und wedelt mit dem Schwanz.
„Toll gemacht, Kai!", ruft er stolz.

„Danke!", sagt Kai.
„Ich muss jetzt leider zurück."

Er ist traurig, dass er sich
von Leo trennen muss.

„Musst du nicht auch
wieder in deinen Käfig?",
fragt er Leo.

Leo lacht.
„Ich wohne doch gar nicht im Zoo."

Da wird Kai noch trauriger.
Aber Leo tröstet ihn.

„Überleg doch mal!", meint Leo.
„So ist es viel besser.
Wenn wir beide eingesperrt wären,
könnte ich dich nicht besuchen."
„Stimmt!", sagt Kai.

„Dann sehen wir uns bald wieder?",
fragt er.
Leo verspricht es:
„Klar, großes Hundeehrenwort!"

Und dann watschelt Kai
hinter Wärter Philipp her.
Im Seehundgehege futtert er
die größte Fischportion seines Lebens.

Mit bunten Silben lesen lernen

Die Reihe *Lesetiger* richtet sich an Leseanfänger ab 6 Jahren.
Viele spannende und schöne Geschichten zu beliebten Themen
erleichtern den Start in die Welt der Buchstaben und führen
durch übersichtliche Leseeinheiten sowie die große, gut lesbare
Schulbuchschrift schnell zum ersten Leseerfolg.

In diesem Buch sind alle Wörter der Geschichten in farbig
markierte Buchstabengruppen, die Sprechsilben, unterteilt. Kurze
Einheiten wie diese sind für Erstleser einfacher und schneller zu
erfassen als ganze Wörter.

Doch was genau sind eigentlich Sprechsilben? Eine Silbe ist
die kleinste Lautgruppe eines Wortes. Sprechsilben ergeben
sich durch langsames Sprechen und zeigen die Sinnzugehörigkeit
der einzelnen Buchstaben an. Sie helfen, den Sinn der Wörter
zu verstehen. Im Gegensatz zur Worttrennung am Zeilenende in
geschriebener Sprache werden bei Sprechsilben auch einzelne
Vokale (a, e, i, o, u) getrennt. Gute Beispiele dafür sind die Wörter
O-ma, a-ber und E-he.

Bereits Vorschulkinder teilen beim Sprechen Wörter intuitiv
nach Sprechsilben auf. Die Verbindung der Buchstaben auch in
geschriebenen Wörtern zu erkennen, fällt Leseanfängern jedoch
oft noch schwer. Durch die farbigen Markierungen der einzelnen
Gruppen ist es für Kinder leichter, die richtige Einteilung zu üben.
Mit der Zeit lernen sie so, flüssig zu lesen, und begreifen auf diese
Weise schnell ganze Wörter.

Damit das Lesenlernen Spaß macht und nicht überfordert,
sorgen in der Reihe *Lesetiger* zudem zahlreiche bunte Bilder für
ausreichend Lesepausen. Ihre klare Zuordnung zum Geschehen in
der Geschichte unterstützt das Textverständnis. So kommen auch
weniger geübte Leser schnell zu einem Erfolgserlebnis und Lesen
wird zum Kinderspiel!

LeseTiger

ISBN 978-3-7855-8204-6

ISBN 978-3-7855-8388-3

ISBN 978-3-7855-8389-0

ISBN 978-3-7855-8279-4

ISBN 978-3-7855-8375-3

ISBN 978-3-7855-8271-8